Julian Barnes (Leicester, 1946) es una de las principales figuras de la narrativa inglesa de las últimas décadas. Entre sus libros de ficción destacan *El sentido de un final* (Premio Booker 2011) y los superventas *El ruido del tiempo* y *La única historia*, todos ellos publicados en Anagrama.

Mis cambios de opinión

El dadaísta Francis Picabia decía que «tenemos la cabeza redonda para que nuestros pensamientos puedan cambiar de orientación». En efecto, a lo largo de los años, modificamos nuestra opinión sobre muchas cosas: gustos estéticos –la música que escuchamos, la ropa que vestimos–, afiliaciones sociales –el equipo de fútbol o el partido político al que apoyamos– y hasta cuestiones tan trascendentales como la persona a la que amamos o el dios al que veneramos. Julian Barnes explora en este ensayo la maleabilidad de nuestros recuerdos y opiniones, de las palabras que usamos y las lecturas que atesoramos. Un trabajo exquisito sobre la naturaleza escurridiza y metamórfica del pensamiento.

Mis cambios
de opinión

Julian Barnes
Mis cambios de opinión

Traducción
Jaime Zulaika

editorial anagrama

Título de la edición original:
Changing My Mind
Notting Hill Editions
Mirefoot, 2025

Primera edición: *septiembre 2025*

Diseño de la colección: lookatcia.com

© EDITORIAL ANAGRAMA, S.A.U., 2025
   Pau Claris, 172
   08037 Barcelona

ISBN: 978-84-339-4773-4
Depósito legal: B. 8290-2025

Printed in Spain

Liberdúplex, S.L.U., ctra. BV 2249, km 7,4 - Polígono Torrentfondo
08791 Sant Llorenç d'Hortons

Los recuerdos

Parece sencillo. «He cambiado de opinión.» Sujeto, verbo, predicado: un acto claro, puro, sin adjetivos ni adverbios que vengan a enmendar o atenuar nada. «No, no pienso hacer eso: he cambiado de opinión» suele ser una afirmación irrefutable. Implica la existencia de poderosos argumentos que aducir en caso de necesidad. Es bien conocida la respuesta que dio el economista John Maynard Keynes cuando le acusaron de ser incoherente: «Cambio de opinión cuando cambian los hechos». De modo que tanto él como nosotros realizamos, confiados y de buen grado, toda esta operación. El mundo, por desgracia, puede decantarse por la incoherencia, pero nosotros no.

Y, sin embargo, la expresión abarca una

gran diversidad de actividades mentales, algunas aparentemente racionales y lógicas, otras elementales e instintivas. Puede que algo se vaya cociendo por debajo del nivel de conciencia hasta que de golpe nos percatamos de que sí, de que hemos cambiado por completo de opinión sobre tal asunto, tal persona, tal teoría, tal visión del mundo. En una ocasión, el dadaísta Francis Picabia lo expresó así: «Tenemos la cabeza redonda para que nuestros pensamientos puedan cambiar de orientación». Y me parece que es una definición tan atinada de nuestros procesos mentales como lo es la afirmación de Maynard Keynes.

Cuando yo era niño, los adultos de la generación de mis padres solían decir: «Cambiar de opinión es un privilegio de mujeres», lo cual, desde un punto de vista masculino, tanto podía ser un rasgo encantador como exasperante. Se consideraba algo esencialmente femenino, a veces meramente caprichoso, otras profundamente emocional e intuitivamente inteligente –la intuición era otra cualidad femenina–, que iba relacionado con la auténtica naturaleza de la mujer en cuestión. Por lo tanto, quizá se podría decir que los hombres eran keynesianos y las mujeres picabianas.

Hoy en día rara vez oímos expresiones como esta acerca del privilegio de las mujeres, y sin duda mucha gente las considera machistas y paternalistas. Por otra parte, si lo enfocamos desde un punto de vista filosófico o neurocientífico, el asunto ofrece un aspecto algo distinto. «He cambiado de opinión.» Sujeto, verbo, predicado, una sencilla operación bajo nuestro control. Pero ¿dónde está ese «yo» que cambia esa «opinión» como el jinete que guía al caballo con las rodillas o el piloto de un tanque dirigiendo su avance? Desde luego, no es muy visible para la mirada del filósofo o el estudioso del cerebro. Ese «yo» del que estamos tan seguros no es algo separado de la mente, sino que más bien se encuentra dentro de ella y surge de su interior. En palabras de un neurocientífico, «no hay un yo» localizable dentro del cerebro. Lejos de ser jinetes o tanquistas, nos encontramos a los mandos de un vehículo sin conductor rumbo a un futuro inmediato. El observador externo ve un vehículo y un volante, y a alguien sentado que lo maneja. Y esto es así, con la salvedad de que en este modelo concreto el conductor no puede pasar del modo automático al manual, ya que no existe ningún modo manual.

De manera que, así las cosas, si es el cerebro, la mente, lo que genera aquello que consideramos un «yo», la expresión «cambiar de opinión» no tiene mucho sentido. Del mismo modo, podríamos decir: «Tal opinión me ha cambiado a mí». Y, visto de esta forma, entonces cambiar de opinión es algo que ni siquiera nosotros mismos tenemos por qué entender. En ambos casos, no se trata de un privilegio únicamente femenino, sino de un privilegio humano. Aunque quizá *privilegio* no sea la palabra idónea; más valdría hablar de una característica o de una peculiaridad.

En algunos momentos de mi vida me he comportado como un keynesiano lógico en esta materia; en otros, como un picabiano dadaísta. Pero en general, en ambos casos, estaba seguro de que tenía razón al cambiar de idea. Esta es otra de las facetas del proceso. Nunca pensamos: vaya, he cambiado de opinión y he adoptado un punto de vista más inconsistente o menos plausible que el que defendía, o uno más tonto o sentimental. Siempre creemos que cambiar de opinión supone una mejora que nos llevará a alcanzar mayor veracidad o una noción más realista de nuestra relación con el mundo y con el prójimo. Ataja las dudas, la incertidumbre, la indecisión. Parece que nos hace más fuertes y maduros; nos hemos desprendido de otro rasgo infantil. Bueno, eso es lo que piensa uno, ¿verdad?

Recuerdo la anécdota de un universitario de Oxford con aspiraciones literarias que en los años veinte del siglo pasado visitó Garsington Manor, donde lady Ottoline Morrell ejercía como anfitriona de artistas. Morrell le preguntó: «Joven, ¿qué prefiere usted, la primavera o el otoño?». «La primavera», respondió él. Ella le replicó que cuando envejeciera probablemente preferiría el otoño. A finales de los setenta entrevisté al novelista William Gerhardie, el cual me sacaba entonces cincuenta años. Yo era joven y bisoño, y él viejísimo, de hecho, estaba postrado en cama. Me preguntó si creía en la otra vida. Le dije que no. «Bueno, a lo mejor cuando llegue a mi edad sí que cree», dijo, con una risita. Lo admiré por su comentario, aunque no creí que pudiese cambiar de creencias hasta ese punto.

Sin embargo, todos esperamos, y de hecho aprobamos algunos cambios a lo largo de los años. Cambiamos de opinión sobre infinidad de cosas, desde cuestiones de gustos –los colores que preferimos, la ropa que vestimos–, estéticas –la música, los libros que nos gustan– o de afiliación social –el equipo de fútbol que seguimos o el partido político al que votamos–, hasta las verdades más trascendentales: la persona a la que amamos, el dios al que veneramos, la significancia o insignificancia del lugar que ocupamos en un universo aparentemente vacío o misteriosamente lleno. Definimos estas preferencias –o ellas nos definen a nosotros– de manera constante, aunque a menudo quedan camufladas por la trascendencia de los actos que las impulsan. El amor, la paternidad, la muerte de un ser querido: son hechos que reorientan nuestra vida y que muchas veces nos llevan a cambiar de opinión. ¿Es simplemente que los hechos han cambiado? No, más bien se trata de que una serie de aspectos factuales y sentimentales que hasta hacía poco ignorábamos de pronto se aclaran, de que el paisaje emocional se ha visto alterado. Y sumida en un torbellino de emociones, nuestra mente cambia. Por eso pienso que, en general, he terminado siendo más picabiano que keynesiano.

Analicemos la cuestión de la memoria. Con frecuencia es un factor clave en nuestros cambios de opinión: necesitamos olvidar lo que creíamos, o al menos olvidar la pasión y la certeza con que lo creíamos, porque ahora creemos en algo distinto que sabemos más verdadero y profundo. La memoria, o su fragilidad o su carencia, ayuda a respaldar nuestra nueva postura; forma parte del proceso. Y, más allá de eso, está la cuestión más general de cómo cambia nuestra comprensión de la memoria. La mía, desde luego, lo ha hecho a lo largo de mi vida. Cuando no era más que un chico irreflexivo daba por sentado que la memoria actuaba como una consigna de equipajes. Tan pronto nos sucede algo, emitimos un juicio rápido y subconsciente sobre la importancia del suceso, y si es lo bastante importante lo almacenamos en la memoria. Más tarde, cuando necesitamos recordarlo, acudimos a un departamento de nuestro cerebro con el resguardo de consigna para que nos devuelvan el recuerdo y ahí lo tenemos, tan fresco y flamante como cuando sucedió.

Pero sabemos que en realidad no es así. Sabemos que los recuerdos se deterioran. Que cada vez que sacamos un recuerdo de su taquilla y lo exponemos, lo alteramos un poquito. Y por eso es probable que las historias personales que contamos con mayor frecuencia sean las menos fiables, porque las vamos modificando sutilmente a lo largo de los años.

A veces no hace falta que pasen años. Tengo un viejo amigo, un notable narrador, que en cierta ocasión, en un mismo día y en mi presencia, contó la misma anécdota a tres audiencias distintas con diferentes finales. La tercera vez, cuando las risas se fueron sofocando, murmuré, quizá un tanto descortés: «Te has equivocado de final, Thomas». Me miró incrédulo (por mis modales); yo lo miré incrédulo (porque no había sido capaz de atenerse a una narración fiable).

También existen los trasplantes de recuerdos. Mi mujer y yo éramos muy amigos del pintor Howard Hodgkin e hicimos muchos viajes con él y su pareja. En 1989 nos encontrábamos en Tarento, en el sur de Italia, y Howard vio una toalla negra en el escaparate de una mercería de las de toda la vida. Entramos, él pidió que se la enseñaran y el dependiente sacó una toalla negra de un cajón. No, dijo Howard, no era exactamente la misma del escaparate. El dependiente, imperturbable, sacó otra, y otra más, y Howard las rechazó todas porque no eran tan negras como la expuesta en la vitrina. Después de haber rechazado siete u ocho, yo, como es natural, pensé: Dios santo, es solo una toalla, lo único que necesitas es que te seque la cara. Entonces Howard pidió al empleado que sacara la del escaparate, y todos comprobamos que, en efecto, era ligerísimamente más negra que las demás. Se procedió a su venta y aprendimos una lección sobre la agudeza de la mirada de un artista. Describí este episodio en un texto sobre Howard, y sin duda también lo he relatado verbalmente en más de una ocasión. Muchos años después, con Howard ya fallecido, estaba yo cenando en compañía de unos pintores cuando una mujer se dirigió a su marido y le dijo: «¿Te acuerdas de cuando entramos en aquella tienda con Howard a comprar una toalla negra?...». Antes de que terminara, yo la corté para recordarle que aquella historia era mía, como dejó patente la expresión de su cara. Y no creo que lo hiciera a sabiendas: de algún modo, lo recordaba como si su marido y ella lo hubieran vivido. Fue un préstamo inocente, o una muestra de canibalismo mental, si se prefiere.

De vez en cuando es saludable constatar lo distintos de los nuestros que pueden llegar a ser los recuerdos ajenos, no solo respecto a los sucesos, sino también a cómo éramos en la época en que tuvieron lugar. Hace unos años mantuve correspondencia sobre uno de mis libros con un excompañero de estudios con quien hacía tiempo que no tenía relación y de quien ya no me acordaba. La correspondencia acabó en una amarga discrepancia, momento en el que decidió que podía decirme lo que pensaba de mí o, más exactamente, lo que había pensado de mí cuando éramos compañeros. «Te recuerdo –escribió– como un alumno ruidoso e irritante por los pasillos del instituto.» Me llevé una gran sorpresa y tuve que reírme, aunque con ciertos remordimientos. Yo me recuerdo –y lo sigo haciendo– como un chico tímido, cohibido y de buena conducta, aunque interiormente rebelde. Sin embargo, no pude negar la reminiscencia de mi condiscípulo y, de manera tardía, la incorporé y cambié de opinión sobre cómo era yo entonces o, al menos, sobre cómo me veían otros cincuenta años atrás.

Poco a poco he ido cambiando de opinión sobre la auténtica naturaleza de los recuerdos. Durante largo tiempo me atuve bastante a la teoría de la consigna de equipajes, conjeturando que la memoria de algunas personas era mejor debido a que también lo eran sus condiciones de almacenamiento cerebral o a que moldeaban y barnizaban mejor los recuerdos antes de depositarlos. Hace unos años estaba yo escribiendo un libro que trataba sobre todo de la muerte pero que a la vez era una crónica familiar. Tengo un hermano que me lleva tres años y es filósofo de profesión, y le mandé un e-mail explicándole lo que me traía entre manos. Le hice una serie de preguntas preliminares sobre nuestros padres: cómo los juzgaba, qué nos habían enseñado, qué pensaba sobre su relación conyugal. Añadí que era inevitable que él apareciera en el libro. Me respondió con una declaración inicial que me asombró: «Por cierto –escribió–, no me importa lo que digas de mí, y, si tu recuerdo discrepa del mío, guíate por el tuyo, que probablemente sea mejor». Me pareció que su respuesta no solo era sumamente generosa, sino también muy interesante. Aunque solo me llevaba tres años, estaba aceptando la superioridad de mi memoria. Lo atribuí a que él era filósofo, a que vivía en un mundo de ideas más elevadas y teóricas, mientras que yo era un novelista profesionalmente metido hasta el cuello en las embarulladas nimiedades de la vida cotidiana.

Pero había algo más. Tal como me comunicó, había llegado a desconfiar de la memoria como guía del pasado. En sí mismos, los recuerdos no confirmados, no corroborados, venían a ser poco más que actos de la imaginación. (James Joyce lo expresó a la inversa: «La imaginación es recuerdo», lo cual resulta mucho más dudoso.) Mi hermano me puso un ejemplo. En 1976 había asistido a un congreso filosófico celebrado en Chantilly, al norte de París, sobre la lógica estoica. Lo organizaba Jacques Brunschwig, a quien no conocía. Mi hermano tomó un tren desde Boulogne y recordaba perfectamente haberse pasado la estación en que tenía que apearse; tuvo que coger un taxi para desandar el trayecto y llegó tarde a la cita. Brunschwig y él se hicieron grandes amigos, y treinta años después, mientras cenaban en París, rememoraron el modo en que se habían conocido. Brunschwig recordaba que lo había esperado en el andén de Chantilly y que reconoció a mi hermano en cuanto se apeó del tren. Los dos se miraron incrédulos (y quizá tuvieron que aplicar a su dilema la lógica estoica).

El libro se publicó hace quince años. Y, entretanto, he acabado por adoptar el punto de vista de mi hermano. Ahora defiendo que los recuerdos de un individuo, sin pruebas que los confirmen o corroboren, son una guía endeble del pasado. Creo, con mayor convicción que antes, que reinventamos constantemente nuestra vida y que, al recontarla, tendemos a favorecernos. Creo que recordar se acerca más a un acto de la imaginación que a la clara, fiable y detallada recuperación de un suceso de nuestro pasado. En primer lugar, considero que a veces recordamos cosas que ni siquiera tuvieron lugar; que somos capaces de embellecer el suceso original hasta dejarlo irreconocible; de «canibalizar» un recuerdo ajeno y cambiar no solo el final de la historia de nuestra vida, sino también el interludio y el principio. Creo que la memoria cambia con el tiempo y que, en efecto, cambia nuestra opinión de las cosas. De todos modos, eso es lo que creo ahora. Puede que dentro de unos cuantos años haya cambiado de opinión sobre todo otra vez.

Las palabras

Llevo toda la vida escribiendo y leyendo palabras. Con ellas construyo mi visión del mundo exterior, tanto el real, en el que vivo, como los de ficción, los que creo. Empiezo el día leyendo palabras en un periódico impreso y lo termino antes de apagar la luz con una revista o un libro. Creo profundamente en las palabras, en su capacidad de representar el pensamiento, definir la verdad y crear belleza. Soy igualmente consciente de que con frecuencia se emplean palabras con propósitos opuestos: enturbiar la verdad, tergiversar el pensamiento, mentir, calumniar y generar odio. Creo también que las palabras son móviles, resbaladizas, metamórficas.

Cuando era niño y jugaba con mi familia a

algún juego de palabras, cualquier disputa desembocaba en un «¡Búscala en el diccionario!». La consulta constaba de dos partes: la primera, relativa a la validez de la palabra; es más, a su existencia. Si una palabra no estaba en el diccionario, no existía, en ningún sentido. «¡No está en el diccionario!» equivalía a la victoria del rival. La segunda parte atañía a su significado: una palabra significaba lo que decía el diccionario, ni más ni menos. El que usábamos era un Chambers, o sea, más o menos grueso pero en un solo volumen. Y yo, iluso de mí, daba por sentado que un diccionario así contenía todas las palabras del mundo... o, por lo menos, las que tenían o podían tener algún fin práctico en mi vida.

La adolescencia y el descubrimiento de la sexualidad me indujeron a comprender que en la tierra y en el cielo había más palabras de las que fabulaba un diccionario. Recuerdo que en momentos ociosos consultaba palabras y expresiones que sospechaba que tenían algo que ver con el sexo; también palabras y expresiones nuevas que empleaban los chicos con una excitante sensación de hallazgo. Por supuesto, el hecho de «no estar» en el diccionario y de que no pudieran usarse delante de mis padres hacía que usarlas en privado fuera tanto más emocionante.

Pero, aun así, en general confiaba en la autoridad del diccionario y, pese a que no era yo muy propenso a la reflexión filosófica, atribuía dos características a las palabras, a su vida y su historia. La primera era que reflejaban el mundo, que cada palabra representaba algo real, y a la inversa, que todo lo que formaba parte del mundo exterior poseía un nombre y que ese nombre, esa palabra, figuraba en el diccionario. La segunda característica, que yo casi daba por sentada, era que, en el mismo instante en que se le ponía nombre a algo –ya fuese Adán en el Jardín del Edén o algún troglodita léxicamente avanzado–, esa palabra pasaba a significar solamente aquello que denominaba. Dicho de otro modo, hubo una edad dorada, un reino pacífico en el que todas las palabras se mezclaban alegremente, significando nada más y nada menos que lo que significaban, dichosamente unidas cada una a su propio objeto, idea, ítem, concepto.

Expresado así, parece un poco absurdo..., como es la intención. Pero esta es, creo yo, la concepción que empezamos teniendo casi todos sobre las palabras, y la que algunos siguen teniendo después: que cada palabra posee un significado fijo, original, auténtico, y que a partir de ahí va todo cuesta abajo. Este edadismo dorado suele aliarse con el prescriptivismo gramatical –prohibido concluir una frase con una preposición, prohibido escindir un infinitivo, etcétera– para alumbrar un buen número de afligidas e irritadas cartas al director acerca de la decadencia del lenguaje y, con ello, de la civilización. Tan pronto dejamos de confiar en que una palabra significa «lo de siempre», el mundo se va al garete, como decía mi madre. Bueno, ¿y qué es eso de *garete*, ya puestos? ¿Por dónde se va?

Comencé a percatarme de que había algo erróneo en semejante absolutismo lingüístico cuando conseguí mi primer trabajo después de la universidad. Era editor de mesa para un nuevo suplemento del *Oxford English Dictionary*. Dediqué tres años a investigar la historia de las palabras y los modismos comprendidos entre la B y la G, tratando de descubrir su primer uso impreso y redactando etimologías, pronunciaciones y definiciones. Se trataba de un trabajo exigente, muy meticuloso, y recuerdo que pasé días leyendo libros sobre cricket para encontrar el primer uso impreso de la palabra *gully*, pero esos tres años desmintieron casi todos mis supuestos sobre las palabras y los diccionarios.

Entré como un irreflexivo y normativista conservador y salí como un descriptivista liberal. No creía ya en una edad dorada del lenguaje ni en el maridaje platónico de palabra y objeto. Tampoco aceptaba el mito de la decadencia lingüística, lo de que hubo un tiempo en que el lenguaje lo usaba gente con sus dos dedos de frente, hasta que los bárbaros irrumpieron con sus incorrecciones, imprecisiones y coloquialismos. Por el contrario, llegué a creer que el lenguaje era –y es– a menudo aproximativo, que las palabras solo significan lo que convenimos en general que significan y que la lengua inglesa ha vivido siempre en un estado de movimiento tumultuoso, y bien que le ha ido.

Permítanme poner un par de ejemplos. Cuando, en 1972, el político laborista galés Ray Gunter renunció a su escaño de diputado, pronunció un emotivo discurso en el que señaló que volvía a los valles «from whence I have come» [de los que provengo]. Hubo cierta burla –burla de pijos– por este comentario. Jo, jo, no sabe que *whence* significa «de donde», y que decir «from whence» es como decir «de los que de donde», que se vaya con viento fresco este zopenco lingüístico. Pero, consultando el diccionario, «from whence» aparece tanto en Shakespeare como en la Biblia (Gunter sin duda se refería al salmo 121: «Alzaré mis ojos a los montes: ¿de dónde vendrá mi socorro?»). Los expertos que intentan imponer una gramática a un lenguaje que se mueve, devolverlo al redil de una falsa pureza estructural primigenia, están abocados al fracaso. Aun así, al menos –y no es algo que diga yo muy a menudo–, al menos no somos franceses. Durante siglos, los franceses tuvieron –y actualmente tienen– la Académie française, que determina lo que es o no es una palabra real y auténticamente francesa, y encuentra alternativas «adecuadas» a inaceptables neologismos y préstamos como «le week-end». Huelga decir que hace mucho que sus deliberaciones no influyen en absoluto en la manera en que los franceses hablan y escriben. Hace unos años, una profesora francesa me habló de un conocido suyo, un joven esnob parisino, que presentaba a su pareja como «my friend», con un perfecto acento francés, por supuesto.

Mi segundo ejemplo trata de las palabras

uninterested y *disinterested*. Con frecuencia se citan para mostrar cómo dos palabras dignas, con significados bien diferenciados, han terminado por confundirse debido a un uso chapucero. De acuerdo con la idea ampliamente aceptada, *uninterested* significa «no interesado, indiferente» y *disinterested* significa «desinteresado, imparcial». Hacer algo de manera indiferente es muy distinto de hacerlo desinteresadamente, pero los mencionados zoquetes lingüísticos empezaron a emplear la una por la otra, el sentido original acabó perdiéndose y ahora todos nos vamos al garete, y a veces hasta al carajo. Siento una afinidad natural por esta forma de queja –preferiría con mucho que se distinguiera el significado de estas dos palabras–, pero, si se observa la evidencia histórica, el asunto aparece mucho menos claro. El primer uso de *uninterested* del que informa el *Oxford English Dictionary* es el de «desinteresado», y el primer uso de *disinterested* es el de «no interesado». En lugar del mito de la decadencia, encontramos la verdad de un follón secular.

Cuando empecé a escribir ficción, poco después de mi temporada en el diccionario, adopté una serie de convicciones sobre el lenguaje. La lengua inglesa es y siempre ha sido un animal híbrido, y a esto debe parte de su vigor, energía y flexibilidad. Su porosidad ante las lenguas y los dialectos de otros países angloparlantes funciona como una transfusión de sangre recurrente. Cualquier escritor que tenga el inglés como lengua materna es muy afortunado, no solo por la cantidad de lectores potenciales existentes, sino también por las palabras con las que puede jugar, y jugar en serio.

Por supuesto, que yo sea un relativista liberal en relación con las palabras no quiere decir que considere que todo el mundo es capaz de usar el lenguaje oral o escrito con la misma soltura. La guerra contra el cliché sigue vigente, si bien esta expresión –«la guerra contra el cliché»– tiene bastante de, en fin, cliché. Obviamente, hay escritores que, por su claridad, estilo, expresividad, fuerza, son mejores que otros. Obviamente, un escritor nunca debería confundir a un lector si no es necesario, si no tiene un propósito específico y claro. Obviamente, aún hay zopencos lingüísticos por ahí, buscando nuestro voto, intentando vendernos algo, mintiendo sobre lo que ocurrió por medio de un uso incorrecto o engañoso del lenguaje. Y sin embargo creo que, al final, el buen uso del lenguaje combate al malo y que quienes lo embarullan serán derrotados en parte por la propia fuerza del lenguaje.

Al mismo tiempo que celebro la infinita maleabilidad de la lengua en que escribo, hay cambios que no me gustan. El antiguo y tolerante lexicógrafo alberga en su interior al más cascarrabias de los ciudadanos. Por enumerar unos pocos de mis piques personales: detesto que *historiado* esté empezando a suplantar a *histórico* y que *parafrasear* se emplee en lugar de *adaptar*, o que se use *exagerado* en el sentido de *extraordinario*. *Beg the question,* ha sido siempre una causa perdida: significa «eludir una cuestión presuponiendo la respuesta», pero, quizá debido a que *beg* [rogar] puede resultar ambiguo, ha pasado a significar «suscitar una pregunta». Quiero que el inglés británico se siga distinguiendo del norteamericano. No me gusta el uso cada vez más extendido de *out the door/window* en lugar de *out of the door/window*. Mi viejo amigo Ian McEwan lo escribió así en *Lecciones*, su última novela, y cuando yo le pregunté por qué me dijo: «Ah, me gusta, me parece más conciso». De manera similar, vocablos estadounidenses como *asis-*

tencia o *agarrar el bate* han pasado a ser de uso corriente en las retransmisiones deportivas, y yo no me explico por qué, cuando ya teníamos *pase* o *dar la cara*. Y tiendo a indignarme cuando alguien de dos generaciones posteriores a la mía me dice «me gusta verte», en vez de «me alegro de verte». Este enunciado, que nos llega del alemán a través del inglés estadounidense, resulta incorrecto y áspero a mis oídos. Y siento un desagrado visceral ante lo que ha ocurrido con una palabra tan bonita como *uxorious*: antes describía a un hombre que siente devoción por su mujer. Ahora se aplica a cualquier hombre que simplemente se haya casado varias veces. Yo no llamaría *uxorial* a eso; en todo caso, reincidencia sentimental.

O fijémonos en el preciso y hermoso verbo antiguo *decimate* [diezmar], del latín *decimare*, que significa «eliminar un diez por ciento», en el caso de castigos militares. Cuando una legión romana combatía *famosamente* (¿o debería decir *infamemente*?) mal o incurría en traición, ponían en fila a los supervivientes y ejecutaban a un diez por ciento. Era un castigo terrible, pero también muy meticuloso. Luego comenzó el cambio, y hoy en día la palabra se emplea como sinónimo de *masacrar*, *exterminar* o *devastar*: en otras palabras, matar a más de un diez por ciento. Conozco a escritores excelentes, e incluso a catedráticos de latín, que emplean mal este término. Se diría que han diezmado su sentido. Aquí, excepto un puñado de latinistas y yo, parece que todo el mundo desbarra, y cada vez que veo que alguien lo usa en este sentido corrupto recuerdo lo que Evelyn Waugh describió como «el prurito senil de enviar cartas al director».

Así que pocos me comprenderían si empleara con su sentido original esta palabra que, en consecuencia, ha desaparecido o, mejor dicho, ha perdido su significado primigenio. Como escritor, lo consigno sin celebrarlo; como ciudadano cascarrabias, me aflige. Pero, como antiguo lexicógrafo, al consultar la historia de la palabra en el *OED* (*Oxford English Dictionary*) descubro que esta pérdida de significado, que imagino reciente, se remonta de hecho al siglo XIX. El lenguaje es oceánico, se ve afectado por mareas. Pero es inevitable que al individuo que enarbola una pancarta de protesta lo barra un auténtico tsunami... Hum: *tsunami*. Mejor no me tiren de la lengua.

La política

Cuando era pequeño, mis padres escuchaban siempre el programa *Any Questions?* en el *transistor*, como lo llamábamos entonces. Yo me tragaba el programa entero presa del más absoluto aburrimiento, consciente de que se trataba de una actividad reservada a los adultos y de que la posibilidad de que apareciera un accidente de coche o un tiroteo –aparte de uno metafórico– era inexistente. De adolescente lo escuchaba con un grado de comprensión algo mayor, pero con una especie de asombro al ver que la gente podía expresarse con tal soltura, saber tantas cosas, razonar con tanta lucidez. Lanzaban una pregunta y, sin apenas esforzarse, los tertulianos prodigaban respuestas y recibían aplausos. Ahora que soy adulto, veo a veces *Question Time* en la televisión con una mezcla muy parecida de horrorizada admiración. Nadie se detiene a respirar, nadie duda. Y, sobre todo, me he percatado de que nadie cambia ni ha cambiado nunca de opinión. Ninguno de los tertulianos se deja convencer por los argumentos del otro, nadie dice nunca «Ah, ahora caigo, usted tiene razón y yo estaba equivocado». Sus opiniones, las exprese una mujer o un hombre, son como irrenunciables símbolos viriles.

Hay quienes se crían en familias en las que se habla de política de manera abierta y vehemente, y en las que el tribalismo está tan arraigado como la adhesión a un equipo de fútbol. Yo pertenezco a una de esas tranquilas familias inglesas de clase media en las que casi nunca se mencionan asuntos de política, religión o sexo. No porque mis parientes carezcan de opiniones políticas. Mi abuela materna, por ejemplo, era una metodista que se convirtió en socialista y después en comunista y después, lo más original de todo –en especial en la frondosa y verde Buckinghamshire–, en defensora de los chinos y no de los rusos cuando se produjo la gran ruptura sino-soviética. Mi abuelo, por su parte, era decididamente tory. Cuando me quedaba con ellos, mi abuela se sentaba en su silla –en el rincón rojo–, donde leía su *Daily Worker* y lamentaba con un chasquido de la lengua las diabólicas iniquidades del capitalismo, mientras mi abuelo, sentado en la suya –en el rincón azul–, leía el *Daily Express* y se quejaba de la diabólica amenaza que suponía el comunismo. Pero nunca discutían sobre sus puntos de vista, hacía mucho que habían acordado una tregua. En cuanto a mis padres, mi madre era una «tory de pura cepa», como le gustaba decir, mientras que las convicciones de mi padre, en la medida en que yo alcanzaba a adivinarlas, eran más bien liberales. Mi hermano era un anarquista teórico «en la línea de Godwin, Spooner y Kropotkin», pero, según me cuenta, lleva décadas sin pensar en política y desde 1970 no ha vuelto a votar en Inglaterra.

Yo tardé más en interesarme por la política. La consideraba una plaga que invadía nuestras casas, y creía que la vida personal y artística era mucho más importante que la política. Bueno, lo sigo creyendo, y con la misma intensidad. Jamás me he afiliado a un partido político y solo en dos ocasiones he participado en una manifestación. Sin embargo, nunca he dejado de votar y, aunque no soy partidario de hacerlo obligatorio, como en Australia, creo que constituye un deber tanto personal como cívico, aun cuando uno vote en contra y no a favor de algo.

Durante los sesenta años en que he tenido ese derecho, he votado en elecciones locales, parlamentarias y europeas, y he votado por los laboristas, los conservadores, los liberales, los demócratas liberales y los verdes, y también por el Partido por la Igualdad de las Mujeres. Nunca me he planteado votar a los socialdemócratas. En cierta ocasión, en unas elecciones locales, me sentí tentado de hacerlo por cierta candidatura que figuraba en el último puesto de la lista. Había obtenido esa posición cambiándose el nombre por algo que empezaba por Z, mientras que el partido por el que se presentaba, recién creado, se llamaba Ninguno de los de arriba. Pero, al final, esta muestra de ingenio cínico no me disuadió, y acabé votando por uno de los sospechosos habituales.

No siempre he confesado lo que votaba. A finales de los años setenta trabajé como crítico cultural para la *New Statesman* y tardé un año en revelar que en las últimas elecciones generales había votado a los liberales. Cuando por fin lo confesé, mis compañeros de trabajo le dispensaron a mi ingenuidad una sorprendente indulgencia.

Pero, a pesar de que a lo largo de mi vida he votado a seis partidos distintos –y a varios candidatos independientes en elecciones locales–, no considero que haya cambiado de opinión. No mucho, en todo caso. Son los partidos políticos los que han cambiado, dando bandazos de un lado a otro en busca de votos. Yo, el votante, he seguido siendo un hombre de principios. Y sospecho que somos muchos los que pensamos así. Ay, aquel año en que los laboristas fueron demasiado lejos para mi gusto; o aquel otro en que los conservadores se escoraron demasiado a la derecha. Nosotros mantenemos la fe; son ellos los infieles, los promiscuos, los que piensan a corto plazo y no se avergüenzan de la flexibilidad de sus principios.

Algunas personas se vuelven más conservadoras a medida que envejecen; con el paso de los años, he visto cómo algunos familiares y amigos se iban deslizando como quien no quiere la cosa a la derecha. Las realidades de la vida han borrado los principios idealistas que profesaban a los veinte. O bien tienen más dinero que entonces y quieren protegerlo y legarlo. O han empezado a detestar los principios de los jóvenes porque son notablemente similares a los que tenían ellos en sus tiempos y ahora los consideran delirios absurdos. O sencillamente no quieren más cambios en sus vidas, por favor y gracias. El referéndum europeo de 2016 supuso una desviación de esta última perspectiva. Mientras que tres cuartas partes de los jóvenes votaron a favor de permanecer en la Unión Europea, dos tercios de los de mayor edad votaron en contra, lo que ocasionó un cambio considerable en sus vidas. Pero también es verdad que votar por la salida de la UE –a juzgar por la identidad de sus más destacados defensores– representó un giro hacia la derecha.

Interviene aquí, además, el factor Nunca Más, aplicable a los dos bandos y a sus dirigentes: No, yo no votaría de ninguna manera a..., y a continuación el nombre del líder del partido, ya sea Tony Blair, Michael Howard o Nick Clegg. La única vez que he votado a los conservadores fue cuando los dos partidos principales los encabezaban respectivamente Harold Wilson y Edward Heath. Debió de ser en las elecciones de 1974. Heath, de quien se burlaban por su estilo acartonado, era un liberal proeuropeo, un tory antipijo que había expulsado de su gabinete a Enoch Powell y se refería a Robert Maxwell como «la faz inaceptable del capitalismo». Era asimismo el único primer ministro que había combatido en la Segunda Guerra Mundial, y por consiguiente el único que había sido testigo de las consecuencias del cisma europeo. Wilson, por su parte, incluso dentro de lo que es habitual en los políticos, me parecía –y me sigue pareciendo– muy poco escrupuloso; movía maquiavélicamente a su partido hacia un lado u otro, buscando el objetivo a corto plazo más ventajoso, anti o proeuropeo según sus necesidades parlamentarias. Por eso aquella vez voté al partido conservador de Heath. Por desgracia, mi voto, por fuerte que fuera, no pudo impedir la victoria de Wilson.

De forma semejante, cuando en 1997 voté por los laboristas de Tony Blair, lo hice sobre todo porque era necesario desbancar a los tories. Entrevisté a Blair para la *New Yorker* cuando llegó a la presidencia de su partido y no me pareció en absoluto una persona de izquierdas. Confiaba en que, si llegaba al poder, fuese una especie de tory decente.

Mi viejo amigo Anthony Howard, antiguo editor de la *New Statesman*, solía llamarlo «el niñito de azul».[1] Y eso resultó ser. Después de 1997 volví a votar a los demócratas liberales, que parecían estar, y de hecho estaban, a la izquierda del Partido Laborista de Blair. Recuerdo en especial la oposición de Charles Kennedy a la guerra de Irak. Aunque es cierto que en esa época los demócratas liberales cambiaban de líder como de camisa, di por supuesto que sus principios esenciales seguían siendo los mismos. No me percaté del auge del «Libro Naranja», y por eso supuse que durante la campaña electoral de 2010 habría una coalición: un pacto entre los liberales y los laboristas. No ocurrió ni por asomo, y luego los demócratas liberales renegaron de sus promesas electorales con respecto a las matrículas universitarias y ahí se acabó mi interés por ellos. O sea que Nunca Más.

Cuando rememoro las innumerables conversaciones que he mantenido con amigos y colegas sobre cuestiones políticas a lo largo de las últimas décadas, no recuerdo ni una sola y clara ocasión en la que un solo y claro argumento me haya hecho cambiar de opinión..., o en la que yo haya logrado cambiar la de otro.

---

1. Por sus tendencias conservadoras. *(N. del T.)*

Son conversaciones que parecen consistir en que una persona declare su postura o sus prejuicios, con datos en la mano, y el de enfrente haga lo mismo pero con la conclusión opuesta.

De vez en cuando puede darse que haya un área sobre la que reconozcamos saber poco, en la que somos recipientes a la espera de ser llenados. Pero es poco habitual. Dicho de otro modo: aunque menos elocuentes, ¿no son los debates políticos privados más desoladoramente parecidos a *Any Questions* y *Question Time* de lo que me gustaría admitir?

Entonces, ¿estoy diciendo que, a pesar de tanto vaivén, nunca he cambiado mi ideología política? Bueno, más o menos, sí. No lo considero particularmente una virtud. Puede que sea tozudez o pereza. Si Maynard Keynes cambiaba de opinión cuando cambiaban los hechos, a mí me parece que los hechos y acontecimientos tienden a ratificarme en lo que ya creo. Pero a lo largo de mi vida se ha ido produciendo otro fenómeno: el centro político se ha desplazado hacia la derecha. Cuando le preguntaron a la señora Thatcher cuál había sido su mayor logro, dio una respuesta hilarante: «Tony Blair». Mientras que hasta entonces el péndulo apenas había oscilado hacia la izquierda o la derecha cuando laboristas y conservadores se turnaban en el poder, Thatcher se encargó de hacer que el reloj colgara en un ángulo distinto de la pared. Y así, tan solo quedándose quietos, los de mi credo político se han ido escorando hacia la izquierda a medida que el centro se alejaba de ellos. Mientras que hace cuarenta años podría haberme considerado un laborista de derechas o quizá un tory de izquierdas o incluso el Liberal con mayúscula que fui en ocasiones, ahora probablemente parezca un partidario de Corbyn. De hecho, no dejé de votar a los laboralistas cuando, en las elecciones de 2019, los dirigía Corbyn, pese a la consternación que me produjo su insípido desempeño durante el referéndum europeo. Pero eso, decepcionarnos, es una de las funciones de los políticos.

Uno de los catedráticos que entrevistaron al historiador A. J. P. Taylor cuando solicitó una beca en Oxford le hizo una pregunta que escondía cierta inquietud. Había llegado a sus oídos que Taylor, lamentablemente, adolecía de una afección dudosa conocida como Firmes Opiniones: ¿era eso cierto? Sí, confirmó Taylor, albergaba, en efecto, Firmes Opiniones, pero no importaba porque las defendía con Débil Convicción. (Y obtuvo la plaza.) Algunos de nosotros tenemos firmes opiniones que defendemos con débil convicción; otros, débiles opiniones que defendemos con firme convicción. Yo siempre he supuesto que los liberales como yo tenemos opiniones moderadas que defendemos con moderada convicción. Pero no estoy seguro de que siga siendo así. Hoy en día, cuando me preguntan sobre alguna cuestión de interés público, suelo responder: «Bueno, en la República Benévola de Barnes...». El otro día, un amigo quiso saber cuáles serían los principales objetivos de esa república. De entrada, contesté, la propiedad pública de cualquier tipo de transporte colectivo y de cualquier tipo de suministro de energía: gas, electricidad, energía nuclear, eólica, solar. Una reforma integral de la Cámara de los Lores, que extrañamente se ha convertido en el segundo mayor cuerpo legislativo del mundo, solo por detrás del Congreso Nacional del Partido Comunista de China; además, con sus veintiséis obispos, es la única cámara, aparte de la de Irán, con participación teológica (y, si la reforma fracasa, abolición). Un referéndum sobre el futuro de la monarquía que espero que ganen los monárquicos, aunque después, en cualquier caso, tendría que adquirir una economía autónoma plenamente gravable, con absoluta transparencia financiera (se acabaron las bolsas llenas de billetes para las fundaciones benéficas privadas del rey) y sin apoyo del Gobierno. Solicitar el reingreso inmediato en la Unión Europea; autorizar que Escocia, si así lo desea, celebre otro referéndum sobre su independencia; promover la unificación de la isla de Irlanda. Inyectarle al Servicio Nacional de Salud una inversión enorme basada en premisas éticas y económicas; desterrar por completo el mercado de este y prohibir que empresas sanitarias extranjeras acaparen la titularidad de las consultas médicas. Decretar, inmediata y unilateralmente, el desarme nuclear, así como el desmantelamiento de la industria armamentística: prohibiría la exportación de armas y permitiría solo la fabricación de las necesarias para la defensa del país. Un compromiso absoluto con la huella de carbono cero, antes que el resto de las naciones. Prohibición de que cualquier país, institución o persona extranjera posea periódicos, canales de televisión o clubes deportivos en mi República.[1]

1. En adelante, RBB, es decir, República Benévola de Barnes. *(N. del T.)*

Y sí, hay más. Separación total de Iglesia y Estado, y una educación plenamente laica. Abolición inmediata del estatus de organización benéfica del que gozan las escuelas privadas, y luego, en una segunda fase, la abolición de dichas escuelas. Imposibilidad de que cualquier exalumno de Eton sea nombrado primer ministro durante cincuenta años, y de que ninguno de ellos sea ministro durante veinticinco. Denegación de entrada en el país de misioneros extranjeros, y de que misioneros nacionales viajen al extranjero. Que el control de los servicios penitenciarios vuelva a recaer en el Estado. Legislación inmediata sobre la muerte asistida. Derecho universal a recorrer terrenos públicos y un mayor acceso a terrenos privados para senderistas y excursionistas. Todos los acontecimientos deportivos importantes (tal como yo los defina) volverán a emitirse en abierto por canales de televisión y páginas web. Prohibición del anonimato en redes sociales: identificación inmediata de todos los usuarios, lo que podría reducir el nivel demencial de violencia verbal al que hemos llegado y facilitar la identificación y persecución de anuncios delictivos. Plena restauración de los estudios de Artes y Humanidades en escuelas y universidades (todo el mundo tendrá que aprender una lengua extranjera como mínimo), y, en términos generales, acabar con el planteamiento puramente utilitario de la enseñanza. Al menos uno de los palacios reales debería convertirse en un museo del tráfico de esclavos, con información exhaustiva sobre su rentabilidad y sus beneficiarios. Educación (y reeducación y rerreeducación) de varones jóvenes para atajar la violencia y la coacción contra las mujeres. Ah, y a propósito, creo que sería buena idea cerrar el *Daily Mail*, ¿a que sí?

Inevitablemente, los que «más saben», los que «entienden el mundo real», se opondrían a estas medidas por ser inasequibles, no probadas, absurdamente utópicas, ciegamente socialistas, la causa indudable de una desastrosa gestión de la libra, etcétera. «Ni siquiera Liz Truss, cuyas siete semanas como primera ministra le costaron al país treinta mil millones de libras...»: así podrían comenzar muchos artículos de prensa (si prefiriesen no ignorar tan flagrante locura). Sin embargo, creo que estas propuestas son razonables, moderadas y muy posiblemente gozarían de gran popularidad. «Sí, pero los mercados se opondrán a todo esto...» No, probablemente no lo respalden, pero un portavoz de la RBB (yo mismo) responderá citando a Charles de Gaulle. Cuando este era presidente, se promovió en su consejo de ministros cierta medida política. No, no, replicaron sus consejeros más cautos y tradicionales, no podemos hacer eso, provocará la caída del franco, los mercados no lo aceptarán, a lo que el general, con una altanería en consonancia con su estatura, contestó: «La política de Francia no se decide en el parqué de la bolsa».

«No se hace más rico al pobre empobreciendo al rico», declaraba la señora Thatcher con aquel tono paternalista y empalagoso que la caracterizaba. Pues a mí me parece una idea bastante buena, ¿por qué no ponerla a prueba? Bajo su mandato, la desigualdad entre ricos y pobres regresó a niveles nunca vistos desde la época victoriana, y esa grieta no ha dejado de ensancharse. Igualmente falaz es la teoría tantas veces citada del «goteo económico», según la cual parte de la riqueza de los ricos llegará ineluctablemente a los pobres a medida que los ricos gasten su dinero en comercios, creen empleo y demás. Siempre me ha parecido que esa tubería estaba atascada. John Major dijo una vez que él quería que la riqueza no solo goteara, sino que «siguiera cayendo como una cascada durante generaciones»; pero lo cierto es que ha seguido cayendo como una cascada sobre las generaciones de quienes ya eran ricos.

Y todo esto, Monsieur le Président Barnes, ¿conducirá a un reino pacífico en la verde y agradable tierra inglesa, donde el león descanse tendido junto al cordero? No; por su propia definición y naturaleza, las utopías no existen, pero podría ser un lugar mucho más amable y grato en el que vivir. Por cierto, al escribir todo esto me percato de que he cambiado de opinión: tengo Firmes Convicciones y las defiendo con Firme Convicción.

Los libros

Si leer es uno de los placeres –y de las necesidades– de la juventud, releer es uno de los
placeres –y de las necesidades– de la madurez.
Sabemos más cosas, comprendemos mejor la
vida y la literatura, y tenemos la posibilidad
adicional de contrastar al joven que fuimos
con el adulto que somos. En ocasiones, cuando releo un libro, lo hago en el mismo ejemplar
en que lo leí hace décadas; y ahí, en una edición escolar de, pongamos, una novela de
Flaubert, encuentro unas cuantas anotaciones
que ahora, a primera vista, me avergüenzan.
Pasajes clave subrayados, exclamaciones al
margen de «¡Ironía!» o «¡Símbolo!» o «¡Imagen
repetida!». Y, sin embargo, a menudo, por in-
genuos y emotivos que parezcan, esos comen-

tarios –aunque no tan explícitos– se parecen mucho a los que podría hacer varias décadas después. Aquel lector más joven no se equivocaba: allí había una ironía, un símbolo, una imagen repetida. No creo que a los sesenta y cinco años seamos lectores más inteligentes que a los veinticinco, sino solo más sutiles y capaces de hacer comparaciones con otros libros y escritores, gracias a ese extra de conocimiento y de tiempo de vida.

Puede ocurrir que cambiemos de opinión sobre un escritor. Quizá al leerlo por primera vez fingiéramos admirar lo que nos habían dicho que admirásemos. Pero también nuestros gustos cambian. Por ejemplo, yo, con veinticinco años, era más receptivo a escritores que me decían cómo vivir y pensar; a los cuarenta y cinco, sentía ya cierto desagrado por el didactismo. No quiero que Bernard Shaw, por ejemplo, me diga cómo vivir y cómo pensar, ni él ni D. H. Lawrence ni sir David Hare ni Tolstói en sus últimos escritos. No me gusta el arte, en especial el teatral, cuya función aparenta ser la de desafiar pero acaba confirmándonos que estamos en el lado correcto, asintiendo de buena gana desde nuestra butaca a sentencias como que la guerra es mala, el capitalismo es malo y la gente mala es mala. «No se hace arte con buenas intenciones» es una de las frases más certeras de Flaubert.

A veces, a medida que se van definiendo, nuestros gustos se vuelven más restringidos: dejamos por el camino algunos escritores que embellecieron nuestra juventud. Pero no tiene por qué ser así. Yo, de joven, leía muchas novelas policiacas, entre ellas las de Maigret, de Simenon. Las disfrutaba tanto en inglés como en francés (esto último gracias al vocabulario acotado del autor, de apenas dos mil palabras). Poco a poco fui conociendo datos de su vida: su fama y riqueza, que era un mujeriego empedernido y se jactaba de sus andanzas sexuales, y que tenía la extraordinaria convicción de que debía ganar el Premio Nobel. Todos los años clamaba contra los «cretinos» de Estocolmo por haber galardonado a otro escritor. Un día le pregunté a mi amiga Anita Brookner qué estaba leyendo y, para mi sorpresa, contestó: «Simenon». No la serie de Maigret (que sumaba unos setenta y cinco títulos), sino los *romans durs* (unas doscientas novelas). ¿Podía recomendarme una? *En casa de los Krull*, respondió. Compré un ejemplar, pero leí solo unas páginas. Años después, tras la muerte de Anita, decidí homenajearla y leer la novela. Entonces empecé a descubrir a un Simenon nuevo, más profundo, más oscuro, uno en el que el mundo no lo descubre ni explica un detective afable, sino que se nos muestra sin mediación alguna, sin juicios, con toda su desolación y su ambigüedad moral. Y descubrí a un gran escritor, elogiado por Faulkner, Gide (premios Nobel ambos), Colette, François Mauriac, Muriel Spark, T. S. Eliot, Somerset Maugham, John le Carré y muchos otros. Gide dijo que Simenon era «el más grande, el novelista más auténtico que ha dado la literatura». En enero de 1948, cuando tenía setenta y ocho años, escribió en su diario: «Nueva inmersión en Simenon; acabo de leer seis obras suyas seguidas». Días después, anota: «Te hace reflexionar, lo cual se acerca a la cumbre del arte; ¡cuán superior es a esos novelistas aburridos que no nos ahorran un solo comentario!». Hace poco, a una edad muy parecida a la de Gide, también yo me vi «inmerso» incluso en más de seis novelas seguidas de Simenon. Y ahora sí creo que fue merecedor del Premio Nobel.

Hay cambios de opinión más insólitos y aún más enriquecedores; por ejemplo, el que se produce cuando un escritor que nos resultaba indiferente y al que de hecho despreciábamos de repente cobra sentido para nosotros y, sí, con una especie de alegría, le encontramos por fin la gracia. A E. M. Forster lo descubrí cuando un profesor de inglés me entregó una lista de lecturas imprescindibles para las vacaciones de verano. *Pasaje a la India* figuraba en ella. Todavía conservo la edición naranja de Penguin en la que lo leí, una reimpresión de 1960 que me costó tres chelines con seis peniques. No hay notas en el margen, ninguna exclamación de «¡Ironía!». Es evidente que apenas me dejó huella o, mejor dicho, que no supe qué pensar sobre los temas principales del libro. Más tarde, siendo ya un veinteañero, leí por voluntad propia *Una habitación con vistas* y desarrollé una enérgica antipatía por Forster. Me pareció una novelita casposa, mohosa, rancia, con una prosa arcaica y una trama y unos personajes incapaces de engancharme. Los escritores ingleses de la generación siguiente –Huxley, Waugh, Greene– me hablaban con más claridad y sentido.

Como sucede a menudo, cuando la tomamos con un escritor todo tiende a confirmar ese prejuicio. Leí fragmentos de *Aspectos de la novela* y me topé con su famosa sentencia: «Ah, sí, desde luego la novela cuenta una historia [...]. Mas desearíamos que no fuera así». Esto me pareció extremadamente... flojo. Pues claro que la novela cuenta una historia, pensé, de modo que, si no te propones contarla, ¿para qué escribes una novela? De hecho Forster dejó de escribir narrativa a los cuarenta y cinco años, y vivió cuarenta y seis más, tiempo durante el cual fue cada vez más respetado, aunque siempre conservó su modestia. Actualmente yo admiraría a un escritor o escritora que guarda silencio porque no tiene nada más que decir; en mi juventud, era menos indulgente.

Y hete aquí esa otra máxima de Forster: «Si tuviera que elegir entre traicionar a mi país y traicionar a un amigo, me gustaría tener las agallas de traicionar a mi patria». La frase puede quedar bien en elevadas conversaciones bloomsburitas, en las que se otorga a la vida personal un valor superior al de la vida pública. Pero que se lo digan, por ejemplo, a los familiares de la gente a la que traicionó Kim Philby. ¿De cuántas muertes fue responsable? Tal vez de cuarenta o cincuenta. Bastante más grave que jugársela a un amigo.

No obstante, hay un motivo definitivo y apenas racional, pero para mí muy poderoso, para condenar a Forster. Yo era y sigo siendo un gran admirador de Ford Madox Ford. Ford fue un inusual narrador modernista, autor de dos obras maestras –*El buen soldado* y *El final del desfile*– y de al menos media docena de libros muy interesantes, poco apreciado en su época y solo algo más hoy. Forster y Ford coincidieron en una casa de campo un fin de semana del verano de 1914, donde parece que Ford fue el único invitado lo bastante lúcido para darse cuenta de que la guerra era inevitable. Tiempo después, Forster escribió con cierta condescendencia en su diario que Ford era «un literato mohoso». Fue una maldad. Y me ocurría además que cada vez que entraba en una librería y buscaba las obras de Ford, por la proximidad alfabética, lo encontraba rodeado por las estanterías atestadas de libros del puñetero E. M. Forster. Solo para demostrar que no estaba loco, a los cuarenta años probé a releer *Una habitación con vistas*. No, el libro seguía sin estar a la altura. Y la duda, al parecer, quedó zanjada. Entonces, ¿qué me instó a cambiar de opinión? Surgió de una fuente totalmente inesperada, una antología de textos gastronómicos. Allí leí cómo Forster describía el desayuno que le sirvieron una mañana a bordo de un transbordador con destino a Londres en los años treinta:

«¿Gachas o ciruelas, señor?» Esta pregunta todavía resuena en mi cabeza. En realidad, no es un paradigma de la comida inglesa, sino de las fuerzas que la arrastran por el fango. Una expresión del verdadero espíritu de la tristeza gastronómica. Las gachas colman el estómago inglés, las ciruelas lo vacían; por tanto, tienen funciones opuestas. Pero su espíritu es el mismo: niegan el placer y lo consideran una exquisitez inmoral. [...] Todo era gris. Las gachas pegadas en grumos grises, las ciruelas nadando en una salsa gris. [...] Después tomé un abadejo. Estaba cubierto por una especie de hule duro y amarillo, como salido de un bote salvavidas, y, cuando lo pinchabas, de su interior manaba agua salada. Salchichas y beicon siguieron a ese pescado repugnante. Llevaban también toda la noche en danza. Una tostada como de acero: la mermelada, una gelatina perfumada. Pagué la cuenta sin decir palabra y volví a preguntarme por qué eran así las cosas. Tenían que serlo porque este país es Inglaterra y porque somos ingleses.

Esto divergía por completo de la imagen que durante mucho tiempo había tenido del novelista: era divertido, subversivo, deliciosamente antipatriótico y, al parecer, demasiado realista. Pero conjeturé que tal vez se tratara de un momento aislado de anomalía, de un giro atípico de humor. Sin embargo, al final fue algo inesperado lo que lo aclaró todo: una conversación sobre ópera que mantuve con una amiga años después. De manera tardía, ya sexagenario, me enamoré de la ópera, y estábamos hablando de su representación en la narrativa. «Ah –dijo ella–, y está esa escena en una ópera italiana de provincias en *Donde los ángeles no se aventuran.*» Es la primera novela de Forster, publicada en 1905. Una con la que yo no lo había intentado y fracasado antes. Parecía gratamente corta. Y resultó que me sorprendió desde el primer capítulo: era ágil, ingeniosa y satírica, con una mirada penetrante para las costumbres y el esnobismo ingleses. He aquí un par de líneas que transmiten la idiosincrasia de la envarada y engreída Harriet:

Aunque a Harriet la música le importaba un bledo, sabía cómo escucharla.

Y:

—¡Para gustos, los colores! —dijo Harriet, que siempre soltaba una tontería como si fuese un epigrama.

Cuando llegué a la escena de la ópera, me pareció brillante. La obra que se está representando es *Lucía de Lammermoor*, un guiño cómplice a la famosa aparición de la ópera en *Madame Bovary*. Esto, en sí mismo, revelaba arrojo, cuando no inconsciencia: un escritor novel, en el quinto año del siglo XX, compitiendo con una de las escenas más célebres de la novela más importante del XIX. Y sin embargo Forster sale indemne de la comparación. Su escena operística tiene voz propia. El montaje de *Lucía* es una horterada; el público local está alborotadamente descocado; los visitantes ingleses se muestran abochornados y censuradores. La escena podría haber sido solo burdamente satírica y humanamente desdeñosa; en cambio, el tono de socarronería ante las alegres locuras del mundo está muy bien descrito. Y contiene también estas líneas, que me llevaron a echar mano de mi libreta de apuntes:

Hay algo majestuoso en el mal gusto de Italia; no es el mal gusto de un país que no tiene más recursos; no posee la vulgaridad nerviosa de Inglaterra ni la vulgaridad ciega de Alemania. Observa la belleza y elige pasarla por alto, pero logra la confianza de la belleza.

¿Dónde está el escritor casposo, mohoso, rancio que había yo imaginado que era Forster? En ninguna parte de esta primera novela. A continuación leí *Regreso a Howards End* y por fin pude apreciar la madurez de Forster como escritor, la seriedad de sus preocupaciones, lo certero que es cuando habla sobre el matrimonio, la amistad, el amor y el deseo frustrado; lo bien que escribe sobre las mujeres; sobre la disyuntiva entre el arte y la vida, el arte y el dinero, el buen gusto y la vulgaridad; lo bien que entiende el poder de las convenciones y los nada heroicos pero necesarios viajes que una vida entraña; lo sarcástico y malicioso que puede llegar a ser y, no obstante, lo agudas que son sus reflexiones. Tal vez errara respecto a su estilo o esperase de él algo que no me estaba ofreciendo o, lo más probable, yo no supiera lo suficiente de la vida para apreciarlo.

Después leí *El viaje más largo*, la novela que menos éxito obtuvo, pese a que era su favorita. En ella descubrí a un escritor que también era formalmente atrevido de un modo que jamás me habría esperado: en su manejo del tiempo, en la audacia de presentarnos los antecedentes del protagonista tan avanzada la historia y en su manera de eliminar personajes que creíamos que llegarían a ser importantes. Un crítico literario calculó que, exceptuando a los niños, más del cuarenta por ciento de la población adulta en la novela cae bajo la caprichosa espada del autor.

No lamento haber subestimado a Forster durante décadas. La relectura de un libro sería un acto insulso y autocomplaciente si resultara ser siempre una mera confirmación de lo que uno piensa. Y equivocarse puede suponer un auténtico placer. Pero, como cabe deducir, esta experiencia me ha instado a reconsiderar otros prejuicios de mi juventud. ¿Sobre quién más podría quizá cambiar de opinión? Hum. ¿Anthony Powell? ¿Saul Bellow? ¿Iris Murdoch? En realidad, pese a lo que he dicho antes, hace poco leí los cuentos cortos de D. H. Lawrence y empiezo a pensar que tal vez –y solo tal vez– me equivocase también con él.

La edad y el tiempo

(Pero antes, una pausa y un paréntesis. Al releer este ensayo no me sorprende tanto la franqueza con que admito haber cambiado de opinión como la subyacente resistencia a reconocerlo. Creo que es una característica habitual. A lo largo de nuestra vida podemos admitir dos o tres cambios importantes –tendríamos que ser ciegos para no verlos–, pero, en conjunto, preferimos considerarnos seres humanos coherentes y no algas zarandeadas por las mareas. Creemos, y debemos hacerlo, so pena de acabar perdidos, en la integridad de nuestra personalidad, así como en la linealidad de nuestras vidas, que les confiere un sentido narrativo. No nos gusta pensar que hemos perdido el hilo. Así, por ejemplo, al escribir sobre política, atribuí mis vacilantes hábitos de voto a mi incoherencia y al febril empeño de los partidos políticos en obtener mi apoyo. Pero un analista más objetivo quizá detectara en mis divagaciones una debilidad de principio o cierto desinterés. Como esa madre orgullosa que, al ver desfilar al regimiento de su hijo, comenta: «Van todos con el paso cambiado menos Jack». O bien, si adoptara la perspectiva opuesta, ¿respecto a cuántas cosas podría decir con un grado aceptable de certeza que no he cambiado de opinión en mi vida adulta?

– La primacía del amor;

– la primacía del arte y la convicción de que la literatura es el mejor medio del que disponemos para entender el mundo;

– la certeza de que la muerte conduce al olvido absoluto y eterno;

– la certeza de que la religión –toda religión– es, en el mejor de los casos, una fantasía tranquilizadora cuya antigüedad y ritos, amén de sus amenazas violentas, buscan convencernos de su verdad (y, en el peor, como expresó Lucrecio hace siglos, *tantum religio potuit suadere malorum*: «Cuán poderosa es la religión para inducirnos a actos malvados»). Si bien puede ser difícil admitir que las cosas que creyeron, y murieron creyendo, nuestros antepasados, generación tras generación, son pura palabrería;

– que los creyentes son tan éticos (o inmorales) como los no creyentes: quizá algo más, ya que ellos mismos se han confeccionado su moralidad;

– que, como dijo la señora Thatcher, la sociedad existe;

– que las invenciones científicas y tecnológicas –el ferrocarril, internet, la inteligencia artificial– son moralmente neutras, capaces de aportar tantos beneficios como perjuicios sociales. La idea de que poseen cierto valor moral es ilusoria;

– que, en general, el interés propio acaba pesando más que el altruismo;

– que soy un pesimista alegre o un optimista melancólico, según el lado de la cama por el que me levante.

Y por último:

– que el deporte produce un gran gozo –un gozo que no disminuye, que dura toda la vida– e infunde además cierto valor moral.)

Una tarde de enero de 2016 fui a ver a Dora, que lleva veinte años cortándome el pelo en el norte de Londres. Me senté en el asiento, empapado y goteando, y le dije: «Hoy quiero tu mejor corte, Dora, porque se acerca un gran cumpleaños».

«Bueno, ya sabes lo que dicen, Julian –me respondió con dulzura–: los sesenta son los nuevos cuarenta.» Fue muy amable por su parte, pero le expliqué: «Por desgracia, los setenta son los nuevos sesenta y ocho».

Vivimos dentro del tiempo; nos rodea y nos envuelve; marca nuestros comienzos y nuestros finales; aludimos a él todo el... tiempo; en fin, ahí está. Pero, aunque es omnipresente, no pensamos demasiado en él. En primer lugar, porque a nuestra cabeza –más si es una pragmática cabeza británica– le cuesta manejar abstracciones, no digamos una abstracción como el tiempo. Cuando los físicos nos hablan de teorías y datos nuevos, extraños e inexplicables, como que el tiempo puede curvarse y volver hacia atrás, o desarrollarse en realidades paralelas, sospecho que la mayoría de nosotros nos damos directamente por vencidos. Hay cosas que los científicos nos cuentan sobre la naturaleza esencial de la vida y el tiempo y el espacio que sin duda reconocemos como correctas; y, de manera análoga, seguimos recurriendo a suposiciones cotidianas y anticuadas que gobiernan nuestra vida.

En general, vivimos dando tumbos como aficionados en un universo profesional y en gran medida incomprensible. En una ocasión, un grupo de periodistas le pidió a Albert Einstein que explicara la relatividad de una manera que hasta ellos entendieran. «Una hora sentados con una chica guapa en el banco de un parque transcurre en un minuto –dijo–. Pero un minuto sobre una estufa al rojo vivo parece una hora. Eso es la relatividad.» Suena sencillo y gracioso, pero no tengo claro que esté más cerca de entender la teoría de la relatividad, ni la general ni la especial.

Creo que en gran medida es cierto que confundimos el tiempo abstracto con la edad pragmática. Y también que nuestra noción del tiempo tarda en desarrollarse. Diría que de niño experimentaba el tiempo más como una cuestión de velocidad. La vida tenía dos velocidades esenciales: la inexistente y la lenta. Ni siquiera reparaba en él cuando me ponía a jugar a algo, leía un libro, inspeccionaba un animal exótico en el zoo, veía pasar un tren de vapor, comía un helado. Eran momentos totalmente míos, libres de contexto, absolutos. Y luego, durante gran parte del resto de la infancia, la lentitud: esos lapsos largos, elásticos, que se producían cuando esperábamos a que sucediera lo siguiente: un cumpleaños, la Navidad, el estallido de unos fuegos artificiales, el repiqueteo de los frutos caídos de un castaño de Indias. «¿Cuánto falta?» es la interrogación simbólica de la niñez. Lo que esperamos impacientes es la llegada de la madurez. Philip Larkin escribió que su infancia fue «un aburrimiento olvidado». Yo no creo que me aburriese de niño. Eso llegó más tarde: mi adolescencia es un aburrimiento perfectamente recordado. Una de las ventajas de la madurez es que el aburrimiento no es nada comparado con el de la infancia y la juventud.

De niño no pensé nunca en cómo funcionaban la edad y el tiempo para los adultos. Se diría que había dos clases de adultos: los de la generación de mis padres y el resto, gente mayor, aunque no tanto, todos con sus chaquetillas, bigotes y audífonos. La madurez parecía un estado tan firme como inalcanzable. Era como si los adultos lo comprendiesen todo –excepto, quizá, a los niños– y como si su mundo fuera de lo más estable. Nunca se me ocurrió pensar que sus reacciones pudieran ser fingidas, como tampoco los sentimientos que expresaban o su comprensión misma de la vida. En la medida en que reflexioné sobre el tema, di por sentado que para ellos el tiempo debía de transcurrir de un modo tan estable como parecía hacerlo su vida. Después crecí y cambié de opinión: comprendí que la madurez no es en absoluto tan firme e imperturbable como la veía yo desde fuera, y que cada una de sus presuntas certezas era susceptible de evaporarse en cualquier momento.

Lo que engaña a un niño, comprensiblemente, es que la vida futura parece marcada por una serie previsible de fechas y edades en las que se supone que suceden cosas. La pérdida de los dientes de leche, los pantalones largos, la primera menstruación, el paso a la secundaria, la edad en la que son lícitas las relaciones sexuales, la edad de votar, alistarse y morir por la patria. A los veintiuno, campo libre, como decíamos antes. Y después, las fiables etapas de la madurez, hasta que, a los sesenta o sesenta y cinco, llega la pensión, en la que también podemos confiar, a menos que haya desaparecido misteriosamente bajo el mandato de Robert Maxwell o Philip Green.

El niño distingue con rigor y orgullo entre tener seis años y medio y seis y tres cuartos. El adulto adopta una visión más a largo plazo y calcula por décadas; y durante todo su recorrido vital dispone de reconfortantes y sabios dichos y de ejemplos modernos a los que recurrir. Verbigracia: «La edad está en la mente». Nunca me ha terminado de convencer este proverbio. En parte parece una obstinada negación de la muerte; y también una incitación a bochornosos mariposeos. Creo, como realista escéptico que soy, que tenemos la edad que marque nuestro carné de conducir y nuestro pasaporte, y que no deberíamos fingir lo contrario. Luego está lo de «cada uno tiene la edad que aparente». George Orwell estableció tristemente que «a los cincuenta todo el mundo tiene la cara que merece». No vivió lo suficiente para descubrir si esto se aplicaba también a él –murió a los cuarenta y cinco años–, pero en todo caso tampoco creo que esta citadísima sentencia sea cierta. Más bien se trata de una muestra del puritanismo innato de Orwell. En el proceso de envejecimiento, los genes son mucho más importantes que nuestros méritos. Todos conocemos a cincuentones que aparentan ser mucho más jóvenes. Y no me refiero a los que se someten a intervenciones estéticas, un relleno facial por aquí y un poco de bótox por allá. En mi opinión, quizá resentida, no hay nada que envejezca más que un lifting.

En cuanto al tiempo, uno de los descubrimientos que trae la madurez es que, lejos de transcurrir de manera más fluida, como imagina el niño, los frenazos y cambios de marcha son cada vez más frecuentes. Edith Wharton escribió que «No podemos confiar en que el tiempo, cuando lo dejamos a su aire y no le planteamos exigencias concretas, avance a un ritmo perceptible. Normalmente holgazanea, pero, justo cuando nos acostumbramos a su lentitud, puede lanzarse un alocado e irracional galope». Esto es más cierto en momentos en que vivimos emociones profundas, como, por ejemplo, el amor o el duelo.

A menudo consideramos que el amor es una experiencia en la que no se aplican las reglas habituales del universo. Hay un verso muy famoso del poeta Louis MacNeice: «El tiempo estaba lejos y en otro lugar». Las leyes físicas, desde la gravedad hasta la entropía, parecen suspendidas sin que lo notemos siquiera, y el mundo queda reducido a un reflejo en la pupila del amante.

Creo que esto es más propio de la pasión sexual que del amor en sí. En mi experiencia, el amor produce en nuestra noción del tiempo un cambio que resulta aún más paradójico. Por una parte, queremos que el tiempo se detenga, que se quede «lejos y en otro lugar», y que ese momento dure para siempre. Esto podría relacionarse con nuestro yo poético. Pero en nosotros anida también un yo prosaico que quiere que el tiempo avance como de costumbre, cuando no más rápido, porque solo el tiempo confirmará si este amor es más real y duradero que una ilusión pasajera. La suspensión del tiempo quizá pueda identificarse con el amor, pero su presencia activa es necesaria para verificarlo. Queremos, por tanto, un ahora eterno y un futuro urgente. Un presente vívido, pero también la expectativa de un tiempo en que podamos empezar a mirar atrás.

En cuanto al duelo, que señala el final físico del amor, aunque no el emocional, también altera nuestra noción del tiempo. El duelo es a la vez un estado y un proceso. Hoy en día insistimos demasiado en definirlo como un proceso: algo por lo que hemos pasado y que hemos superado para, con esa espantosa y falaz banalidad moderna, poder «seguir adelante». Esto se debe en parte a que en las sociedades posreligiosas damos la espalda a la muerte y la tratamos absurdamente como un problema que tiene solución, que es posible racionalizar; pero también a un egoísmo pragmático. Una amiga mía estaba llorando por la muerte de su padre sentada ante su escritorio en la redacción de un periódico. Su jefe pasó por allí y le preguntó qué le ocurría. Ella le respondió que su padre había fallecido seis semanas atrás. «Vaya, creía que ya lo habrías superado», dijo él. Lidia con ello; sigue adelante. Pero el duelo, como he dicho, es un estado y también un proceso. Y, al igual que en el amor, el tiempo se detiene y a la vez avanza. Queremos que se detenga, que sea un estado en el que se conserven la imagen y el recuerdo del ser querido que ha muerto; pero, asimismo, queremos que consista en un proceso que nos saque de ese extraño territorio de dolor antes de que nos desmoronemos.

Y luego está la muerte en sí misma. Ahora que encaro mis últimos años como septuagenario, es natural que haya pasado por el trance de ver morir a un buen número de allegados; actualmente hay a menudo un momento en que mis amigos más íntimos y yo nos preguntamos, a veces con total franqueza, cuál de nosotros asistirá al entierro del otro. Pero antes tiene que producirse su muerte. Estar al lado de alguien a quien la medicina ha mostrado el pulgar hacia abajo nos arroja a una turbina de emociones. Hay cosas que decir y cosas que callar; preguntas que hacer y preguntas que omitir. Algo que nunca me he atrevido a indagar, y no porque no lo haya pensado, es si al moribundo le afecta la noción del tiempo. Cabe esperar que sí. Por un lado está el empeño diario, minuto a minuto, en mantenerse y que lo mantengan vivo: las periódicas tomas del pulso, los análisis de sangre, la ingesta de pastillas y un asiduo control del tiempo. Por otro, lo que perentoriamente aguarda al enfermo, una nada eterna, un lugar en el que el tiempo será, en efecto, algo que está «lejos y en otro lugar» de la peor y más extrema de las maneras. ¿Distorsionan nuestra noción del tiempo esos últimos meses y semanas? «Bueno, ya lo averiguaremos», como dice Larkin. A mí, desde luego, me interesa la respuesta, en el supuesto de que tenga tiempo de reflexionar sobre mi propia muerte, lo cual no está garantizado. Pero, quién sabe, quizá un agradable productor radiofónico acuda junto a mi lecho con un micrófono y me haga las preguntas pertinentes. En tal caso, podré informarles.

Índice

Nuevos cuadernos Anagrama